Tucholsky Wagner Zola Scott Sydow Freud Schlegel
Turgenev Wallace Fonatne

Twain Walther von der Vogelweide Fouqué Friedrich II. von Preußen
Weber Freiligrath Frey

Fechner Fichte Weiße Rose von Fallersleben Kant Ernst Frommel
Richthofen

Hölderlin

Fehrs Engels Fielding Eichendorff Tacitus Dumas
Faber Flaubert

Eliasberg Ebner Eschenbach

Feuerbach Maximilian I. von Habsburg Fock Eliot Zweig
Ewald Vergil

Goethe Elisabeth von Österreich London

Mendelssohn Balzac Shakespeare Dostojewski Ganghofer
Lichtenberg Rathenau

Trackl Stevenson Doyle Gjellerup
Tolstoi Hambruch

Mommsen Lenz Droste-Hülshoff
Thoma Hanrieder

Dach Verne von Arnim Hägele Hauff Humboldt
Reuter

Karrillon Rousseau Hagen Hauptmann
Garschin Gautier

Damaschke Defoe Hebbel Baudelaire
Descartes

Wolfram von Eschenbach Hegel Kussmaul Herder

Bronner Darwin Dickens Schopenhauer Rilke George
Melville Grimm Jerome

Campe Horváth Aristoteles Bebel Proust

Bismarck Vigny Barlach Voltaire Federer Herodot
Gengenbach Heine

Storm Casanova Tersteegen Gilm Grillparzer Georgy
Chamberlain Lessing Langbein Gryphius

Brentano Lafontaine

Strachwitz Claudius Schiller Kralik Iffland Sokrates
Bellamy Schilling

Katharina II. von Rußland Gerstäcker Raabe Gibbon Tschechow

Löns Hesse Hoffmann Gogol Wilde Gleim Vulpius
Luther Heym Hofmannsthal Klee Hölty Morgenstern

Roth Heyse Klopstock Goedicke
Kleist

Luxemburg Puschkin Homer Mörike
La Roche Horaz

Machiavelli Musil

Navarra Aurel Musset Kierkegaard Kraft Kraus

Nestroy Marie de France Lamprecht Kind Hugo Moltke
Kirchhoff

Laotse Ipsen Liebknecht

Nietzsche Nansen
Marx Ringelnatz

von Ossietzky Lassalle Gorki Klett Leibniz
May

vom Stein Lawrence Irving

Petalozzi Knigge
Platon

Sachs Poe Pückler Michelangelo Kock Kafka

Liebermann Korolenko

de Sade Praetorius Mistral Zetkin

Der Verlag tredition aus Hamburg veröffentlicht in der Reihe **TREDITION CLASSICS** Werke aus mehr als zwei Jahrtausenden. Diese waren zu einem Großteil vergriffen oder nur noch antiquarisch erhältlich.

Symbolfigur für **TREDITION CLASSICS** ist Johannes Gutenberg (1400 — 1468), der Erfinder des Buchdrucks mit Metalllettern und der Druckerpresse.

Mit der Buchreihe **TREDITION CLASSICS** verfolgt tredition das Ziel, tausende Klassiker der Weltliteratur verschiedener Sprachen wieder als gedruckte Bücher aufzulegen – und das weltweit!

Die Buchreihe dient zur Bewahrung der Literatur und Förderung der Kultur. Sie trägt so dazu bei, dass viele tausend Werke nicht in Vergessenheit geraten.

Studien zur Deutschen Kunstgeschichte - Hermann Braun

Josef August Beringer

Impressum

Autor: Josef August Beringer
Umschlagkonzept: toepferschumann, Berlin

Verlag: tredition GmbH, Hamburg
ISBN: 978-3-8424-8851-9
Printed in Germany

Joseph August Beringer

Studien zur Deutschen Kunstgeschichte – Hermann Braun

Heft 158

Strassburg
J. H. Ed. Heitz (Heitz & Mündel)

1912

*

Widmung

Herrn Geh. Regierungsrat
Dr. Oskar Eisenmann
in Verehrung und Hochschätzung
zugeeignet

Werden.

Eine der seltsamsten, psychologisch am schwersten deutbaren Erscheinungen im Leben unserer Künstler ist die Tatsache, daß, wo immer eine markante Persönlichkeit um die Anerkennung der Mitwelt gerungen hat, sie auf schier unüberwindliche Widerstände stieß. Diese Widerstände bekunden sich auffälligerweise am stärksten gerade dort, wo man sie billigerweise am wenigsten vermuten sollte: in der engeren Heimat und Umgebung, in der auf Verständnis und Schätzung am ehesten sollte gezählt werden können. Es ist, als ob der genius loci sich erschreckt zurückzöge, wenn er sein Eigenstes und Wertvollstes entdeckt sieht. Die Tatsache, daß im 19. Jahrhundert fast alle bahnbrechenden Künstler, die der Kunst neue Bezirke eroberten, erst nach mühevollen, an Entsagungen reichen Lebenskämpfen und durchweg erst gegen das Ende normaler Lebensdauer zu Anerkennung und Erfolg kamen, erhärtet diese Erscheinungen ebenso sehr, wie die Tatsache, daß es andern Künstlern, denen die Nachwelt die unbedingte Anerkennung versagen muß, leicht gelingt, zu Bedeutung und zu gesicherten Lebensverhältnissen zu kommen. Es ist ein fast trauriges Wortspiel, daß, je tiefer ein künstlerisches Werk erlebt ist, es um so länger dauert, bis sein Schöpfer seine Anerkennung erlebt.

Das Beharrungsgesetz, das die in einer Richtung befindlichen Kräfte in derselben Richtung weiter zu halten trachtet, gilt im Geistigen und Kulturellen ebenso sehr, oder vielleicht noch mehr, als im Materiellen. Jede Aenderung der einmal eingestellten Richtung beansprucht erhöhte Kraftaufwendungen, denen nur in seltenen, begünstigten Fällen gut organisierte Künstlernaturen gewachsen sind. Wir sehen deshalb so oft, wie bei ausgesprochenen Künstlernaturen vorzeitig Lebensbahn und Schaffen abgebrochen wird. Bei solchen schmerzvollen Abschlüssen hilft sich der bequeme Durchschnittsverstand mit der billigen Entschuldigung, daß der Künstler gesagt habe, was er zu sagen hatte, daß mit dem erreichten Höhepunkt Schaffen und Leben abgeschlossen seien. Wie selten wird gefühlt, daß ein kraftvolles, entwicklungsfähiges Wachstum den Kränkungen durch Teilnahmslosigkeit und der Mißkennung erlegen ist!

Solche Gedankengänge sind naheliegend, wenn man Leben und Schaffen des Künstlers überblickt, dem die nachfolgenden Seiten gewidmet sind: *Hermann Braun*. Wie wenigen Zeitgenossen war er bekannt, trotzdem sein Lebenswerk mit mehreren Tausenden von Blättern von ungewöhnlicher Arbeitskraft und Leistungsfähigkeit zeugt! Wo hat das Werk dieses ernsthaften und – wenigstens auf seinem engeren Gebiet – eigenartigen Künstlers wirklich festen Fuß gefaßt, Boden und lebenstärkenden Widerklang gefunden, trotzdem das Tätigkeitsfeld sich über das Gebiet des ganzen Deutschen Reiches erstreckte, ja, bis an die tiroler Sprachgrenze hinunterreichte? Wer hat denn zu Lebzeiten dieses Schaffenden, der deutlich und vielfach durch seine graphischen Publikationen zu der Mitwelt sprach, nicht nur bloß für das Ringen, sondern auch für die tatsächlichen Leistungen schon einen verständnisvollen Sinn und ein williges Herz gehabt? Wie wenige aber haben in dem geleisteten Werke Brauns die Möglichkeiten gesehen, zu denen sich ein Schaffen hätte entwickeln und in denen er seinen Innern Reichtum hätte entfalten können, wenn ein günstiges Geschick es zugelassen hätte!

Aber Hermann Braun hatte weder in seiner Natur, noch in seiner Kunst etwas von dem Inszenierungsgeschick, das für raschen Erfolg und allgemeine Anerkennung unerläßlich notwendig zu sein scheint. Er war zum Ungeschick seines Lebens und zum Glück für seine Künstlerschaft ein Träumer und dazu ein Westfale, wie der Dichter von »Dreizehnlinden« sie treffend mit den Versen charakterisiert:

Zäh, doch bildsam, herb, doch ehrlich,
Ganz wie ihr und euresgleichen.
Ganz vom Eisen eurer Berge,
Ganz vom Holze eurer Eichen.
– – – – – – – – – –
Blasse, blonde, stille Menschen,
Träumerische, ahnungsreiche, ...

denen der Alltag Märchen zuraunt, denen im engen, alten Straßengewinkel und auf moderigen Dielen die Sonne der Schönheit ebenso aufgeht, wie vor den hoheitsvollen Zeugen alter Baukunst und den Herrlichkeiten der Gottesnatur. Braun war ein poetischer

Verklärer der Welt, weil er selber ein Poet war, weil er, wie sein Landsmann, W. Raabe, etwas von dem Geiste des »Spökenkiekers« hatte, der den Niedersachsen eigen ist. Neben dieser Gabe, die reale, durch Alter und Eigentümlichkeit anregende Erscheinungswelt zu erkennen, wie Braun sie in den wundervollen Architekturen zur Darstellung brachte, lebte noch eine phantastisch schaffende Kraft in ihm, die den tiefsten Rätseln des menschlichen Daseins bildnerisch Gestalt zu geben suchte. Dieser Punkt ist es, der den herrlichen Architekturkünstler zum freien schöpferischen Genius machte und ihn aus der mit ungeheurer Beobachtungsschärfe im Realen lebenden Sphäre eines Menzel in die phantasievoll gestaltende Region eines Böcklin hebt. Möglich, daß auch an dieser sich nicht harmonisch gleichmäßig entwickelnden Zweiheit seiner Natur, dem künstlerisch erklärenden Realismus und dem dichterisch verklärenden Idealismus, der allzu frühe Tod des Künstlers H. Braun Anteil hat.

Hermann Braun wurde am 22. April 1862 zu Hausberge, Kr. Minden i. W., als Sohn eines Apothekers geboren. In den späteren Werken Brauns wirken die ersten Kindheitseindrücke aus der väterlichen Offizin unverkennbar nach. Aus ihnen entwickelt er in Interieurdarstellung und Stillebenstaffage seine an Fausts Studierzimmer gemahnenden Stimmungsbilder, die seinen Totentanzblättern das charakteristische Gepräge geben. Zweifellos hat der Verkehr in der väterlichen Apotheke auf die Gedankenwelt des sinnierend und tief veranlagten Jungen eingewirkt. Die Hauptthemata seines Phantasieschaffens handeln von Geburt und Tod. In die gelehrten Ideenkreise wurde Braun nach den vorbereitenden Elementarschuljahren auf dem Gymnasium des seiner Heimat benachbarten Minden eingeführt.

Eine andere neue Welt tat sich für den 12 jährigen Knaben auf, als seine Familie (1874) nach Braunschweig übersiedelte. Das frühzeitig sich bemerkbar machende Zeichentalent ließ es geraten erscheinen, die humanistische Schule mit dem Realgymnasium der alten Welfenstadt zu vertauschen. Auch hier werden wohl die Eindrücke der herrlichen alten Architekturen, der malerisch und architektonisch interessanten Straßenbilder, die Verbindung altertümlicher Geschichte mit der Kunst maßgebend gewesen sein. Denn schon in den Oberklassen des Realgymnasiums wandte sich der künstlerische Sinn Brauns der Betätigung zu. Er beteiligte sich freiwillig in den oberen Kursen an den Lehrgängen der mit der Lehranstalt verbundenen Kunstgewerbeschule, nahm mit Erfolg und Auszeichnung an den sich bietenden zeichnerischen Wettbewerben teil, – kurz, alles deutet in dieser Vorbereitungszeit für das Leben darauf hin, daß die Kunst in der späteren Betätigung des Mannes eine Rolle spielen werde.

Nach erlangter Maturität bezog Braun (1881) das Polytechnikum zu Braunschweig, um sich dem Studium der Architektur zu widmen. Auch diesem technischen Fachstudium wußte er von vornherein durch die Wärme seiner Natur eine Färbung ins Künstlerische zu geben, was ihm nicht bloß das Interesse und die Freundschaft seiner Professoren – besonders von Uhde und Nickol – erwarb, sondern ihm auch in den Konkurrenzen im Freihand- und Bauzeichnen vielfache Anerkennung und Preise erringen half. Je weiter er im fachlichen Studium fortschritt, umso stärker entwickelte sich sein künstlerisches Ingenium, umso entschiedener trat die ausschließliche Liebe zur Kunst in ihre Rechte, umso mehr fühlte er sich den rein praktischen Vorbedingungen des Architekturberufes fremd und fern. Seine stille, in sich versonnene Natur, die ganz auf das Künstlerische in der Baukunst gerichtet war, fühlte sich nicht fähig und geneigt, den Verkehr mit Auftraggebern, Handwerkern und Arbeitern gewandt und geschäftstüchtig zu bewältigen, Aufträge für Bauten zu gewinnen, Kompromisse mit Bauherren einzugehen, Geschäftsinteressen klug wahrzunehmen und zugleich dem zu dienen, was ihn innerlichst erfüllte: der freien Kunst.

Ernste Selbstprüfung, Erwägungen und Beratungen mit seinen ihm freundschaftlich wohlgesinnten Lehrern und seinen Angehörigen entschieden im Schlußergebnis für die Malerei, für die Braun, – allen zweifellos, – talentiert schien. Mit der Bestimmtheit, die der Durchführung eines ernsten Entschlusses erst die rechte Weihe gibt, ward das neue Lebensziel aufgenommen. Ohne Halbheit, ohne, wie ihm lebensklug geraten worden war, das Bauführerexamen abzulegen, wurde der Schritt getan. Auf Grund seiner vorgelegten Zeichnungen ward er (Ostern 1884) an der Kunstakademie zu München aufgenommen. Noch nach seinem Abgang vom Braunschweiger Polytechnikum erhielt er in Anerkennung seiner ungewöhnlichen Fortschritte das Gauss-Stipendium mit M. 300 zuerkannt.

Die Münchner Kunstakademie stand damals unter der Leitung des berühmten Historienmalers K. v. Piloty, der als Künstler, Lehrer und Förderer so vieler Talente sich großen Ruhmes erfreute. Braun begann seine Malstudien bei den Professoren Raupp, Hackl, Liezen-Meyer und Gysis, fast alle vorwiegend Figuristen, die dem innerlich gereiften und zeichnerisch schon ziemlich gefestigten Kunstjünger nicht allzuviel geben konnten. Denn auch das leicht erzählende, anekdotische Genre, das von den genannten Professoren gepflegt wurde, hatte für Braun, dessen spätere Figurenkompositionen nach ganz anderen Zielen gingen, keine besondere Anziehungskraft. Eine Landschafterklasse bestand damals an der Münchner Akademie nicht. Trotzdem wurde mit Fleiß und allem Ernst gearbeitet. Zweifellos haben in dieser Zeit schon die in München zugänglichen Bildersammlungen, namentlich hat der damals noch nicht allgemein durchgedrungene A. Böcklin, großen Eindruck auf Braun gemacht, wie ihn süddeutsches Wesen überhaupt anzusprechen schien. Mit Freuden ging er im Herbst 1885 auf Einladung eines Verwandten nach Bozen. Dieser an die welsche Grenze vorgeschobene Punkt birgt eine Menge anziehender Kräfte für Künstler. Die vom Lieblichen bis ins Großartige gehende Landschaft, der charakteristisch sich gebende Menschenschlag, die freundlichen und eigenartigen farbigen Architekturbilder, die sich darboten: alles das war dem bisher aus dem Geist der ernsten niederdeutschen Ebene und aus den Münchener Anschauungen schaffenden jungen Künstler eine neue Welt. Verstärkt wurden diese Eindrücke durch eine Reise nach Hause, an die sich um Weihnachten 1885 ein Ausflug nach Hamburg anschloß, dessen malerische Straßenbilder und dessen Schiffverkehr gar nachhaltigen Eindruck auf ihn machten. Der Sommer 1886 führte ihn wieder nach Tirol. Eine Reihe feiner Aquarelle entstanden, und die Entscheidung für das Landschaftsfach reifte, trotz der Münchener akademischen Historien- und Genremalerei, zur Gewißheit. Es galt nun, eine wirkliche Schulung für das Landschaftsfach durchzumachen. Für einen so sachlich beobachtenden und doch die feine künstlerische Wirkung erstrebenden Maler, wie Braun es geworden ist, schien der Karlsruher Professor G. Schönleber der rechte Mann zu sein. München wurde also im Herbst 1886 mit Karlsruhe vertauscht. Seine bisherigen zeichnerischen und malerischen Leistungen verschafften ihm Aufnahme in den Malklassen von G. Schönleber und H. Baisch. Schönleber scheint besonders auf die Wahl geschmackvoller Motive und auch hinsichtlich feiner Farbenzusammenklänge Einfluß gewonnen zu haben, während Baischs helle Palette unverkennbar aus einigen Bildern und Studien spricht. Schönlebers Kunstweise tritt uns in der geradezu klassischen Art entgegen, wie, etwa von hohem Augenpunkt aus, das Dächergewirr alter Städtchen klar und doch malerisch interessant entwickelt ist, oder wie die Wasser durch eine Schleuse und über ein Wehr rauschen usf. – Werke, die zwar durch Schönlebers Einfluß angeregt sein mögen, die aber doch schon ausgesprochen persönliche Art zeigen.

Für die Karlsruher Studienzeit, die sich vom Herbst 1886 bis ins Jahr 1888 zieht, sind noch die Figuralstudien bei Prof. F. Keller zu erwähnen, dessen dekorativ großzügig-sichere Art auf das kunstgewerbliche Schaffen Brauns unverkennbar einwirkte. Alles zusammengenommen bot Karlsruhe dem Kunstjünger reiche handwerkliche Anregung und Förderung, soweit eben die Schule überhaupt fördern kann. Für den wirklichen Künstler, der zu sich selber kommen und dessen Gestaltungskraft sich betätigen will, können Schuleinflüsse stets nur handwerkliche Anregungen sein. In diesem Sinn hat Braun auch die Karlsruher Schule genossen, denn was er später geleistet hat, steht außerhalb des Schulzusammenhanges. Er hatte Eigenes zu sagen, und es kam die Zeit, wo sein Schaffen so augenscheinlich von dem seiner Vorbilder abgerückt war, daß ihm einer seiner Professoren kurzweg erklärte: »Ihre Bilder interessieren mich nicht mehr.« – Er versuchte noch in den ersten Jahren in Karlsruhe, seine frühen künstlerischen Schöpfungen illustrativ zu verwerten, zunächst ohne Erfolg und mit der Einsicht, dadurch sein strenges Studium zu gefährden. Studienreisen durch die Rheinlande und Westfalen (1888) und ein Sommeraufenthalt in Westfalen und Hamburg (1889) lassen aber doch den Entschluß reifen, die illustrative Tätigkeit zu Erwerbszwecken nicht ganz bei Seite zu schieben. So erschien 1889 in Reclams Universum eine Serie von Zeichnungen unter dem Titel: *Ein Stückchen rote Erde.* Diese erste Publikation über seine engere Heimat bei einem Leipziger Verlagshaus hat eine kleine Geschichte über das schmerzliche Thema: er kam zu den Seinigen, aber die Seinigen nahmen ihn nicht auf. Die Paderborner Verlagsbuchhandlung von Ferd. Schöningh bereitete eine illustrierte Neuausgabe von Levin Schückings Werk »Das malerische und romantische Westfalen« vor. Braun hatte sich auf Grund seiner zahlreichen heimatlichen Studien darum beworben, illustrativer Mitarbeiter sein zu dürfen. Der Wille, seiner Heimat zu dienen, fand keinen Widerhall, jetzt nicht und später nicht. – Der Winter 1889/90 wurde zur malerischen Ausgestaltung der auf der Sommerreise gesammelten Anregungen und Motive verwendet. Diese ersten Gemälde nach westfälischen und Hamburger Motiven sind, im Sommer auf Reisen gesandt, auf der Kunstausstellung zu Magdeburg leider verbrannt.

Der Sommer 1890 lockte den eifrigen Maler in den malerisch wieder neuentdeckten nahen Schwarzwald. So heimisch Braun im lieblichen Süddeutschland, das besonders Norddeutschen wegen seiner Naturschönheiten und dem heiteren Lebensgenuß seiner Bewohner insgemein als ein Paradies erscheint, sich auch fühlen mochte, so wenig kam die »Schwarzwaldromantik« seinem künstlerischen Gefühl entgegen. Die eigenartige, zwischen zarter Lyrik und großartig einfacher Epik liegende Schönheit des Schwarzwaldes, wie die beiden Schwarzwälder Künstler Hans Thoma und Emil Lugo sie gerade in jenen Jahren so wundervoll zur Erscheinung brachten, sagte dem mehr auf herben, ja, manchmal düstern Balladenton gestimmten Sohn der »roten Erde« nicht besonders zu. »Der Schwarzwald ist ja auch schön, aber ich finde dort nicht die Motive, die ich brauche,« schrieb Braun einmal, und er fährt dann, sich und seine Art sehr fein charakterisierend, fort: »Man muß sich zum Malen doch vorwiegend an die Gegend halten, in der man aufgewachsen ist.« So stark und echt war seine Heimatempfindung, so wahr und rein sein Persönlichkeitsgefühl, daß in seinem Wesen künstlerisch nur widerklang, was seiner Art und Natur gemäß war. Wer mit aufmerksamen Augen seine vollendeten Werke aus nicht niederdeutschen Landschaften durchgeht, wird unschwer das herbe und zähe Niederdeutsche und das bei aller Ruhe innerlich glutvoll Westfälische entdecken, das sich von dem liebevoll Warmen, ja Schwärmerischen, aber durchweg Lebensfreudigen, oft schalkhaft Spielerischen der Oberdeutschen so merkbar unterscheidet. Wollte man den landsmannschaftlichen Gegensatz in zwei Beispielen hervorheben, so brauchte man nur die bekannten Dichternamen A. von Droste-Hülshoff und Ed. Mörike zu nennen.

Die Frage kann hier schon aufgeworfen werden, warum der heimatselige Braun doch in Süddeutschland blieb. Aber einerseits versagte die so heiß geliebte und bis ins innerste Wesen verstandene Heimat ihrem Sohne Verständnis und Anerkennung, und anderseits steigerte und befruchtete des Künstlers Heimatsehnsucht sein Schaffen, denn »alle Kunst ist Erinnerung«, wie W. Steinhausen so treffend sagt.

Die Zeit des Suchens ist mit dem Jahr 1890 abgeschlossen. Angestrengte Arbeit, aber auch reiche Fruchtbarkeit beginnt. Das Jahr 1891 spricht von unausgesetzter Arbeit im eigenen Atelier zu Karlsruhe und von der Ausstellung zweier Gemälde im dortigen Kunstverein. Das Jahr 1892, in dem Braun sein 30. Lebensjahr erreicht, bringt entscheidende Momente. Für Braun, der auf der Höhe eines durchschnittlichen Menschenalters stand, wurde die Frage des Erwerbs jetzt dringend. Seine Studienmappen waren gefüllt. Nach den westfälischen Motiven waren 14 größere Nummern teils in Bleistift, teils in Kohle ausgearbeitet. Sieben Blätter davon gelangten im Juni zur Ausstellung in Karlsruhe. Um sich bekannter zu machen, plante Braun die Herausgabe von Lichtdrucken nach diesen Blättern. Die leistungsfähige und bekannte Lichtdruckanstalt von H. Schober führte mit hohem Gelingen einige Probedrücke aus, aber die letzten Feinheiten gingen bei dem mechanischen Reproduktionsverfahren doch verloren. Das Leben der sensitiven Künstlerhand fehlte für das empfindliche Auge des Künstlers doch, und vor allem wurden die in den gezeichneten Originalen vorhandenen Werte an Licht und Sonnigkeit in der veränderten Größe der Lichtdruckreproduktionen verschoben. Diese Unzulänglichkeiten zu besiegen, war der Gegenstand nachhaltiger Erwägung. Auf einer Studienfahrt durch das Neckartal nach Thüringen und Westfalen fand Braun die Lösung dieser künstlerisch ihm so heikeln Frage. Braun wandte sich der Radierung zu.

In die Technik des Radierens führte damals an der Karlsruher Akademie der bekannte Porträtist W. Krauskopf ein. Bei diesem tüchtigen und gewandten Meister der Radiernadel wurde Brauns im Zeichnen und Tonhalten ohnehin gefestigtes Können so rasch gefördert, daß der im Oktober erstmals zu Radiernadel und Aetzwasser greifende Künstler bereits im November die zwei ersten Drucke – »Gänseliesel« nach einem Motiv von der Stadtmauer zu

Eberbach und »Paderborn« – schon fast fertige Künstlerleistungen – in Probedrucken in die Heimat schicken konnte. Mit dieser die Handschrift des Künstlers verbürgenden Technik ist die Frage der Reproduktionen gelöst: die Radierung wird das Feld, auf dem er seine künstlerischen Eindrücke vom deutschen Land dem kunstliebenden Publikum zu unterbreiten, durch die er wirtschaftlich sich eine zuverlässige Stütze zu schaffen und mit der er rein künstlerisch das aussprechen zu können hoffte, was seine von Anschauungen, Empfindungen und Vorstellungen übervolle Seele bewegte. Allerdings ist dabei nicht zu übersehen, daß neben den die landschaftlichen Elemente pflegenden Architekturradierungen und - zeichnungen, Tuschen und Lithographien noch die schöpferisch gestaltende und sich vorzugsweise in Kohlenzeichnungen aussprechende Tätigkeit einherging. Trotz der hohen Vollendung, ja, gerade für die durch ihre Vielseitigkeit, Eindringlichkeit und immer poetische Größe bei aller Sachlichkeit in der deutschen Kunst geradezu einzig dastehenden Architektur-Landschaftradierung (und Zeichnung) scheint für die künstlerische Bewertung Brauns gerade seine erfinderische Bildnerei von wichtigerer und wertvollerer Bedeutung zu sein, trotzdem auf diesem Gebiete die technische Darbietung nicht ganz zur Entfaltung gekommen ist. Aber schon die geradezu erstaunlich zahlreiche Folge der Kohlezeichnungen dekorativer und rein künstlerischer Art erteilen Braun einen besondern Rang im Kunstschaffen unserer Zeit, selbst wenn nicht auch noch das Inhaltliche dieser Blätter uns von der bedeutenden Persönlichkeit, die sich darin ausspricht, Kunde gäbe.

Wesen.

In der unbedingten Sachlichkeit und Sicherheit der Darstellung steht der späte A. Menzel in Deutschlands Kunst an erster Stelle. Durch die ungeheure Einfachheit und Prägnanz seiner Zeichnungen, seiner Porträts, seiner landschaftlichen Motive und Stilleben, sind seine Zeichnungen zu wertvollsten Kunstdokumenten von klassischer Vorbildlichkeit geworden. Sie sind der Ausdruck und die selbstgefundene Sprache einer Persönlichkeit, die uns durch die Richtigkeit und Wucht der Aussprache eine neue Welt auftut, auch wenn der Ideenkreis nicht erweitert wird. Diese exakte Kunst des Schauens und Darstellens ist niederdeutscher Art gemäß. Menzel, der Mitteldeutsche, hat sich im Laufe seines Berliner Lebens aus dem mehr phantasievollen Schaffen seiner Frühzeit – Künstlers Erdenwallen, das Vaterunser, die Illustration zu Kuglers siebenjährigem Krieg und zu den Werken Friedrichs des Großen u. a. gehören hierher – zu dem grandiosen Realismus und zu der durch die Reinheit der Erscheinung poetischen Höhe entwickelt und fortgebildet, so daß es unmöglich ist, seinem schöpferischen oder dem darstellenden Künstlertum den Vorzug zu geben. Beide sind gleich groß, gleich vollkommen, gleich verehrungswürdig.

Hermann Braun, der Niederdeutsche, geht einen entgegengesetzten Weg und kommt zum gleichen Ziel. Wie Braun mit unfehlbarer Sicherheit des Auges und der Hand den architektonischen Organismus eines Bauwerkes, die malerische Gruppierung einer Straße, eines Platzes, eines Mauerwerks und Dächerbildes erfaßt und mit lockern Strichen und, bei aller Festigkeit, mit flimmernder Leichtigkeit auf dem Papier in Kohle, Tusche oder Bleistift wiedergibt: das stellt ihn in seinem Fach unmittelbar neben Menzel. Da ist nicht nur sachliche Wahrheit, sondern auch künstlerische Klarheit und Größe. Ihm, wie Menzel, ist auf diesem Gebiete alles Prunken mit außerhalb schlichtester Darstellungsmittel stehender Velleitäten durchaus fern liegend. Aber trotz dieser die Meisterart verratenden Beschränkung auf die nur innerhalb der Darstellungssphäre liegenden Elemente bleibt vor den Blättern keinen Augenblick zweifelhaft, daß nur die strengste künstlerische Zucht dieses ungewöhnliche Können erreichen ließ. Unbestechliche Ehrlichkeit bei aller künstlerischen Wärme spricht aus jedem der radierten und gezeichneten oder getuschten Blätter Brauns, die von der glücklichsten Sinnfälligkeit Zeugnis geben. Kunst ist aber nicht bloß Sinnenerlebnis und, in der Wiedergabe und Darstellung, Sinnenreiz. Solche Kunst, die von den Sinnen ausgeht und nur an die Sinne sich wendet, bliebe eine Kunst an der Oberfläche und ein bloßer Sinnenkitzel, eben nur bildnerisch zwei- oder dreidimensionale Formdarstellung. Der wahre und große Künstler wird zum Wesen d. h. zur Seele der Anschauungswelt vordringen und diese innerhalb seiner Darstellungsmittel darstellen wollen. Sein eigenes Seelisches wird er an dem Wesenhaften der Form und Farbenumwelt dartun. Dieses Andere, diese zweite Natur, läßt Braun auch in seinem Werk erkennen. Schon die Art, wie die sachliche Darstellung der Kunst Brauns erlebt ist, läßt auf ein tiefgründiges Innenleben schließen. Diese seelische Betätigung im Kunstschaffen kommt in den inhaltlichen Stoffen und ihrer Formgebung zum Ausdruck. Zu diesen inhaltlichen Stoffen sind, nebenbei bemerkt, auch die reinen Landschaftskompositionen zu rechnen, die mit einer Böcklinschen Schöpfergewalt und Leidenschaft zur Erscheinung gebracht werden. Nach zwei Seiten hin spricht sich Braun in ähnlicher Weise wie Böcklin aus. Einmal in der kompositionellen Art, in der Zusammenfassung und im Rhythmus der Massen, mit dem die landschaftlichen Elemente angeordnet sind, um die Stimmung des Werkes auf die Stimmung des Beschauers zu übertragen – Stimmung als suggestive Kraft des Kunstwerkes. Nur eben – bei Böcklin hat das Werk meist einen dionysisch-dithyrambischen Schwung, etwas Antik-Lebensvolles. Braun ist, im Gegensatz zum antikisch anthropomorphisierenden Böcklin ganz deutsch, spezifisch niederdeutsch. Seine Schöpfungen sind nicht geboren aus der heitern Ruhe und Lichtfülle der Antike, sondern aus der Sehnsucht nach Licht und hellklarer Gestalt.

Am nächsten steht unser Braun den melancholischen oder dramatisch zugespitzten Schöpfungen Böcklins z. B. der Toteninsel, der Villa am Meer, der Melancholie usf. In diesen mehr düster gehaltenen Werken mit den dunkeln Untertönen von Sein, Werden und Vergehen übertrifft sogar Braun den alemannischen Meister. Er nähert sich – namentlich in dem inhaltlich nicht ganz ausgearbeiteten Zyklus der Totentanzblätter – in der echt niederdeutschen Helldunkelstimmung der schweigenden Beredtsamkeit, über die Rembrandt in den Radierungen und Werken der letzten Epoche gebietet.

Das Rembrandtnahe Brauns wird aber noch deutlicher in der Herausarbeitung der Gegensätze von Licht und Dunkel, in der Vorliebe für stillebenmäßige Ausgestaltung der Innenräume und in der faustisch vergrübelten Stimmung, die über den zahlreichen freischöpferischen Blättern ausgebreitet ist. Wenn auch ein Blatt, wie der studierende Mediziner, der Rembrandtradierung »Faust« in Stimmung und Inhalt ziemlich nahe kommt, so sind doch die Blätter Brauns durchaus original und von Rembrandt ebenso wenig abhängig oder beeinflußt, wie seine Blätter und Gemälde etwa von Böcklin, oder die sachlichen Architekturzeichnungen von Menzel. ... Wie viel hätte Braun der deutschen Kunst werden können, wenn seinem Leben und Schaffen ein gütigeres Geschick beschieden gewesen wäre!

Es ist eine seltsame und für unseren künstlerischen Kulturzustand beschämende Erscheinung, daß unsere großen Künstler Einsame waren, daß ihnen fast durchweg bis ins hohe Alter nicht nur der Erfolg, was ja im Grunde hauptsächlich eine Frage nur wirtschaftlicher Art ist, sondern vor allem der Widerhall in den verstehenden Herzen der Zeitgenossen und damit das erhebendtröstliche und das innerlich förderliche Element versagt blieb. Auch der größte Künstler und das größte Kunstwerk will ins Leben wirken. Wo der Zusammenhang des Künstlers mit der Welt verloren geht, entsteht eine ähnliche Lücke, wie wenn der Künstler die Berührung mit der Natur aufgibt. Braun war gegen den Abbruch der Beziehungen zur Natur durch seine Reisen, seine Betätigung als Landschafts- und Architekturkünstler geschützt. Aber da diese Seite seines Schaffens ihn nicht ganz ausfüllte, da seine reiche Persönlichkeit die äußeren und inneren Erlebnisse zu einem innerlicheren Dasein und zu Kunstwerken eigener Erfindung und Gestalt zu formen strebte, so empfand er das ausschließliche Architekturzeichnen als eine oft schwere Last.

Man begreift deswegen, daß Braun, je mehr Erfolg und Anerkennung er errang, was sich in Aufträgen von Seiten illustrierter Zeitschriften, von Kunstverlagen und Kunstvereinen und auch durch einen immerhin vorhandenen Absatz seiner groß geschauten und vollendet radierten Architektur- und Landschaftsblätter äußerte, sich umso unbefriedigter fühlte, und daß er »dem Architekturzeichnen zu erliegen drohte«. Die Not, sich nur auf diesem einen

Gebiet aussprechen zu können, so sehr dieses seinem Ingenium entsprach, hat seinen anderen Kunstschöpfungen den düsteren Stempel aufgedrückt und seine Nervenkräfte vorzeitig aufgerieben.

Es zeugt von der völligen Reinheit, Lauterkeit und Unbedingtheit der Künstlernatur Brauns, daß er in dem Zwiespalt seines Lebens und Schaffens nicht auf den Ausweg der Satire verfiel, dem psychologischen Sicherheitsventil so mancher Künstler unserer Tage. Unter den gewiß 2500 Zeichnungen Brauns befindet sich nicht eine einzige, die das leichtbeflügelte Gebiet der Satire oder der Ironie auch nur von ferne streift. Kunst und Leben waren ihm eine ernste, heilige Angelegenheit. Vor ihnen »im Geist und in der Wahrheit« zu bestehen, war ihm nicht bloß Bedürfnis, sondern innerste Notwendigkeit. Aus diesem unerbittlich ernsten Gefühl für Wahrheit und aus der ernsten Ehrfurcht vor dem Leben und Sein, erwuchs nicht nur seine, nie ganz sich genügende kritische Haltung zu seinem geschaffenen Werk, sondern auch seine Zurückhaltung und seine Bescheidenheit, die ihm den Umgang mit der Welt so sehr erschwerte. Diese Selbstkritik und Selbstbescheidung hießen ihn auch, als durch seines Lehrers Krauskopf Ausscheiden die Stelle des Leiters der Radierklasse an der Karlsruher Akademie frei geworden war, von der Bewerbung um dieses Amt zurückstehen, obgleich er Krauskopfs Vertrauen besessen hatte und längere Zeit sein Assistent gewesen war. Dieser sittliche Ernst, der das Leben und das Werk Brauns durchwehte, und diese fast scheue Zurückhaltung von dem Getriebe der Akademie und deren repräsentativen Obliegenheiten, hat ihn mit den religiösen Problemen aufs innigste verknüpft. An ihnen hat er sich, in den Stunden der menschlichen und künstlerischen Vereinsamung, gekräftigt, geklärt und mit der Welt in Beziehung gehalten, wie eine Reihe von Aufzeichnungen beweisen. Die Schwester des am 29. September 1908 in seiner Heimat Hausberge Verstorbenen, die mit sorglicher und verstehender Hand den großen künstlerischen und schriftlichen Nachlaß ihres Bruders zusammenhielt und ordnete, schreibt über das Gedanken- und Geistesleben unseres Künstlers, daß sich ganze Stöße von Niederschriften vorgefunden hätten und fügte an:

»Es wechseln darin eigene Gedanken und ausgezogene Stellen verwandter Schriftsteller, Situationen oder Naturszenen aus Büchern, die sich ihm zu künstlerischen Entwürfen gestalten. Eine

Serie Blätter, die besonders reich ist an Indikationen für Entwürfe, hat er am Kopf mit »K« bezeichnet, was ich mir mit »Komposition« verdeutsche. Jedenfalls hat ihn zunächst und zutiefst das Problem des Deutschtums beschäftigt, von Tacitus und den Druiden, nein, von Walhall an bis zur Entwicklung des Gedankens von der Ausführbarkeit ebensogut ein einiges klassisches Deutschland herauszubilden, wie einst das klassische Griechenland – von Deutschland muß die Erlösung kommen.« –

»Da sind Abschriften und Ausarbeitungen aus der Edda, den Nibelungen, andern nordischen Zyklen, Parzival, Oberon, den ganz alten Volksmärchen, aus der Minnesängerzeit u. a. m. Dann Dickens, Jean Paul, Raabe, die er mit Entwürfen förmlich illustriert. Besonders Parzival und Oberon suggerieren ihm ungezählte Motive. Immer schreibt er eine packende Szene heraus und stellt die bloße Notiz dahin wie ein Bild, so daß selbst der Laie das Wort leben sieht. Unter eine ganze Anzahl seiner Kohlenentwürfe romantischer Tendenz könnte man an der Hand dieser markanten Auszüge das entsprechende Motto setzen. Er hat auch eine Serie Radierungen aus der Germanenzeit geplant, um dem Ringen der deutschen Volksseele ein Denkmal zu errichten, doch ist das »Herbstlied-Druidenstein« das einzige geblieben.«

»Nun zu den Blättern religiösen Inhalts, aus denen ich nur die Quersumme der Eindrücke wiedergeben kann. Darnach muß man die Ueberzeugung gewinnen, daß er, und zwar von Herzen, vom Dasein eines bewußt einwirkenden Gottes überzeugt, daß Christus für ihn mehr als nur eine historisch erwiesene Person war, und daß er die Erlösung der Massen wie die des Individuums aus dem Chaos der irdischen Unzulänglichkeiten in der Befolgung der im Evangelium niedergelegten Ratschläge sah. Er vertrat den Standpunkt der Menschen- und Nächstenliebe.« – Diese Aeußerungen werden gestützt von Worten des »Nachrufes«, den Pastor Lortzing-Spenge am Beerdigungstage (3. X. 1908) gesprochen hat. Er sagte: »Besonders in den letzten Jahren hat er sich ernstlich mit religiösen Dingen beschäftigt; das Neue Testament war ihm ein liebes Buch, in dem er fleißig las. Um seine Meinung über dieses Buch befragt, äußerte er, daß nach seiner Meinung derjenige glücklich sei, der sein Leben nach dessen Lehren einrichte. – Und wenn ihm das Neue Testament lieb und wert war, so liegt der Grund doch gewiß darin, daß das

Bild unseres treuen Heilands, das uns hier so liebevoll entgegentritt, auch ihm das Herz gewonnen hatte. Daß wir uns in dieser Voraussetzung nicht irren, geht aus einer Aeußerung hervor, die er einst niederschrieb: »Ich habe gefunden, wenn unser Leben Wahrheit sein soll, muß es aufgebaut sein auf dem Grunde des Evangeliums.« Aus den Aufzeichnungen der Schwester, Frl. Elisabeth Braun, mögen aber noch nachfolgende Stellen angeführt werden:

»In der Philosophie hat er sich zu keinem System im besondern bekannt. Die Kunst war ihm alles in allem. Er brachte jede Lebensäußerung unter den Gesichtswinkel der Kunst. Ja, selbst im letzten Grunde seine Religion, so praktisch sie im Prinzip war, ist ihm verklärt in der Kunst. Er sagt: »Man kann der Welt nichts Neues mehr geben : es kommt darauf an, immer wieder das Problem, das rein Menschliche, zum höchsten Ausdruck zu bringen, zu lösen, so wie Jesus es nach der religiösen Seite tat, so wir nach der künstlerischen.« Wenn er nun aber die Religion künstlerisch verklärte, so war ihm umgekehrt die Kunst Religion. Ein Priester hätte dürfen seinen Nachlaß ordnen.«

»Außer seinen offenbar eigenen Ideen hat er eine beträchtliche Anzahl Hefte über Religionsforschung aller Zeiten abgeschrieben, so daß allein daraus sein Ernst für die Sache erhellt. So angespannt denkt, forscht und schreibt niemand über Religion, der nicht ganz persönliche Fühlung und Neigung dazu hat.« So weit von den Nächsten um Braun über sein Innenleben. Man braucht einerseits einen funktionellen Zusammenhang zwischen Kunst und Religion nicht für unbedingte und unumstößliche Gewißheit zu halten. Braun hat ja auch, trotz seiner positiven christlich religiösen Grundstimmung, keine einzige religiöse Darstellung geschaffen. Andererseits ist es noch weniger notwendig und von alleiniger und ausschließlicher Geltung, nur auf die künstlerischen Materialismen, wie Pigmente, Vortragstechnik, Pinselführung, Strich und Ausdrucksweise, Darstellungsstoffe usf. zu vertrauen. Der Kern und das Wesen der Kunst erschöpft sich weder in dem ersteren, noch im letzteren. Für unsern Fall sagt das geistige und religiöse Verhältnis Brauns zu Natur und zu Gott so viel: er blieb nicht im Materiellen stecken. Er vergeistigte durch sein Wesen und seine Persönlichkeit sein Schaffen. Er beseelte die Materie durch das Feuer seines Erlebens, durch die Wärme seiner Empfindung, ohne sich ins Spekulative und Gedankliche zu verlieren. Mit einer wunderbaren Harmonie der sinnlichen Anschauung und der seelischen Kräfte begabt, war es Braun möglich, in der zu seiner Zeit üblichen Kunstsprache uns seine Welt zu geben. Er brauchte keine neue Grammatik, keine neue Ausdrucksweise, um Persönliches und Neues zu sagen. Er ist kein technischer Neuerer und trotzdem ein künstlerischer Mehrer des Reiches. Damit ist seine Stellung zur sogenannten modernen Kunst gegeben. Diese war nicht seine Sache. Seine künstlerische Kraft beruhte in der Leidenschaft der Anschauung und Empfindung, sowie in der Klarheit, mit der er sich auszudrücken wußte. Daher haben seine gezeichneten Blätter ganz besonders, aber auch seine Radierungen die unmittelbare Wirkung und ihren unverkennbar einzigartigen persönlichen Charakter.

Werke.

Nicht ohne Bedeutung ist es, daß Braun in seinen Karlsruher Studienjahren sich angelegentlichst um die Malerei bemühte. Wenn auch in seinem Lebenswerk die Zeichnungen und Radierungen zur höchsten Reife und Vollendung gediehen sind, wenn Braun auch voraussichtlich als der »malerische Zeichner« fortleben wird, so darf sein gemaltes Werk doch nicht übersehen werden, denn es bringt die farbliche Seite des Künstlers in einer eigenartigen Entwicklung und in persönlicher Art zum Ausdruck. Eines der frühesten Gemälde, das Dorfwehr (1890), hat zweifellos Schönlebersche Anklänge. Schönleber hat zu jener Zeit das Besigheimer Enzwehr gemalt und damit einen durchschlagenden Erfolg errungen. Ebenso sicher geschaut, aber technisch noch nicht so fertig, ist Brauns Dorfwehr, und doch liegt über dem Bild schon deutlich das von der Schönleberschen Kunst Unterscheidbare: die leidenschaftliche Stimmung, die sich von der wohlabwägenden Geschmackskunst Schönlebers abzuscheiden beginnt. Es spricht bei Braun schon ein ganz anderes, sich in die Sache förmlich hineinwühlendes Temperament, das sich am Natureindruck bis zur Ekstase sättigte und in diesem Berauschtsein die Energiequelle zur leidenschaftlichen Wiedergabe seines Erlebens fand. Diese von der Leidenschaft des Malers zeugenden Werke, die ihren eigentümlichen Reiz in der meist hellen und doch warmen Farbengebung haben, nähern sich der Kunst Böcklins, ohne auf dessen scharfen farbigen Kontrastwirkungen aufgebaut zu sein. Da haben wir ein offenbar niederdeutsches Motiv – »der Dorfweiher« (1899) – mit rauschendem und stehendem Wasser, voll tiefer Versonnenheit und Melancholie, dann einen »Frühlingsspaziergang« mit einer Kinderstaffage, in der die blau und rot farbigen Gewänder so prachtvoll zu dem hellen Grün der Frühlingslandschaft kontrastieren, einen ganz in weiß und hellgrün gehaltenen »Birkenwald«, einen köstlich gemalten »blühenden Heckenrosenzweig« vor einer Mauer, das stimmungsvolle Abendbildchen »An der Mauer«, eine »Prozession vor der Kirche« und einige wenige mehr.

Eine besondere Stelle in Brauns Schaffen nehmen seine monochromen Malereien ein, in denen die erstaunliche Ausdruckskunst des jungen Meisters augenfällig und ergreifend wird, so z- B. ein holzgetäfelter Innenraum mit einer breit sich windenden Treppe, ein Kellerinterieur mit dem durch das kleine Fensterchen eindringenden, feinen Lichtspiel, sowie die dekorativ gehaltenen, wahrscheinlich aus der Kellerschule angeregten Kompositionen: »Sturm in den Bäumen« mit einem Sängerquartett als Staffage in grauschwarz, dem »Herbstopfer« in braun und grau, dem »Waldmärchen« in blau und braunrot u. a. m. Diese feingestimmten Monochrome bilden den Uebergang zu den vollendeten Kohlezeichnungen, die in Brauns Schaffen den Höhepunkt und in der Kunst seiner Zeit eine markante Stelle einnehmen, weil in ihnen eine seltene Harmonie von kühl analytischer Anschauung und wärmstem Leben sich so lauter und ehrlich gibt.

(Am Schlusse befindet sich als Anhang ein Verzeichnis der wichtigsten polychromen und einfarbigen Malereiwerke Brauns.)

Zeitlich und der Zahl nach nehmen die Architektur-Zeichnungen und -Radierungen den vordersten Rang ein. Von 1888 an hat Braun während 20 Jahren Deutschland von Süden nach Norden, von Osten nach Westen durchzogen. Es wird wenige Städte mit malerischer Lage oder mit malerischen Gebäulichkeiten und Straßenzügen geben, die er künstlerisch nicht gefaßt hat. Wenn auch die weitaus größte Anzahl der Besuche der engeren und weiteren Heimat Westfalen gehört, – Braun bereiste es studienhalber achtmal – so ist er doch nicht ein ausschließlicher Heimatkünstler geworden. Schon die betrübliche Tatsache, daß die Versuche, mit westfälischen Verlagsunternehmungen Verbindungen anzuknüpfen, – 1889 bei Schöningh in Paderborn für L. Schückings »Malerisches und romantisches Westfalen« und 1895 in Münster einen Verlag für die westfälischen Radierungen zu gewinnen, – gänzlich fehlschlugen, zeigt, daß er seinem Geschmack und seiner Kunst ein heimatfremdes Element beizugeben hatte. Wohl bleibt in aller seiner Kunst ein spezifisch Niederdeutsches, aber die Tatsachen, daß von 1889 an namentlich die Leipziger Verlage (Reclams Universum 1889, 1897 und 1899; Ueber Land und Meer 1893 und die Illustrierte Zeitung 1896, 1899, 1905, 1906 und 1907) Illustrationsaufträge gaben, daß die elf radierten westfälischen Städtebilder im Berliner Verlag von R. Schuster, die Hamburger Platten teils im Münchener Verlag H. Helbing, teils noch im Besitz der Mutter des Künstlers, die badischen Motive im Besitz der Karlsruher Kunsthandlungen von A. Büchle und Veiten sind, beweisen, daß Brauns Kunst außerhalb seiner Heimat doch früher und verständnisvoller anerkannt wurde, wenn auch der durchschlagende Erfolg und die uneingeschränkte künstlerische Anerkennung erst infolge der Ausstellung des Nachlasses, d. h. seines gesamten künstlerischen Lebenswerkes, einzutreten begann. Mit der einzigen Ausnahme des Braunschweigschen Kunstvereins, der 1901 die zwei Platten »Meinradshof« und »Altstadt-Rathaus« bestellte, hat keine niederdeutsche Stadt Aufträge gegeben. Nicht einmal Hamburg, das von 1889 an wiederholt von Braun besucht worden war, und dessen malerische, alte Straßenzüge und Schiffskanäle unseres Meisters Liebe in besonderem Maße hatten, – acht radierte Platten und zahlreiche Zeichnungen bezeugen dies – nahm von seinem Schaffen in ermunternder Weise Notiz.

Eine übersichtliche Zusammenstellung der Studienreisen Brauns ist im Anhang verzeichnet.

Es würde zu weit führen, hier die einzelnen Oertlichkeiten und Denkmäler zu notieren, die Braun für seine gezeichneten und radierten Blätter aufgenommen hat. Er hat immer wieder um die Schönheit und Kunst geworben, fast zahllose Vorstudien gemacht, bis er in einer Endformel das herausgestaltete, was er als kunstgemäße Schönheit für wahr und recht fand. Nie hat er nur die Vedute gezeichnet. Er hat in seinem Werk das herausgestaltet, was man den Geist, die Seele der Dinge nennt, sei es einer Landschaft, sei es eines Bauwerks oder einer Gebäudesilhouette in einer Landschaft. Darin ist er auf dem Gebiet der Architekturzeichnung die besondere und einzige Persönlichkeit in unserer Zeit. In den frühen Blättern besteht noch der Schulzusammenhang, insofern er seinen fertig durchgearbeiteten Blättern einen idyllischen und anekdotisch-novellistischen Zug beimischt, wie z. B. in seiner »Gänseliesel« vor der alten Stadtmauer von Neckarsteinach (1892); aber die feine Auffassung der Architektur, die Behandlung der Luft weisen auf die sich sehr rasch vollziehende Umwandlung zugunsten reinkünstlerischer Wirkung. Ueber die im nächsten Jahr schon hälftig fertiggestellte Westfalenmappe mit sechs Blättern schreitet er in den zwei Hamburger Motiven »Klinkberg« und »Reimersfleet« zur vollendeten technischen und künstlerischen Lösung fort. Braun hat in der Radierung nichts Bestechendes, Genialisches, Technisch-Verblüffendes. Aber der hohe Ernst, die Würde seiner Blätter, die Wärme und Ehrlichkeit, die von ihnen zum Beschauer sprechen, sind doch unvergeßlich eindrucksvoll, weil das Herbe und scheinbar Nur-Sachliche der Erscheinung sich in der künstlerischen Wahrheit vollkommen auflöst. Das Heidelberger Schloß z. B. ist in unzählig vielen Reproduktionen bekannt. Zwischen den Veduten des alten Merian bis zu der Phantasie Turners liegt eine unendliche Stufenleiter von Kunstschöpfungen aller Art. Braun hat in seinem »Heidelberger Schloß« (1898), dem »Friedrichsbau«, dem »Schloß und Neckar« (oval) 1901 – seine persönliche Auffassung aufs glänzendste bewährt. Gerade ein so reines Architekturblatt, wie der »Friedrichsbau«, hat durch Auffassung und technische Behandlung den Charakter einer rein künstlerischen Leistung erhalten. Auch das köstliche, große Interieur des »blauen Lappens« in Hamburg gehört hierher. In den mit Landschaft verbundenen Architekturblättern hat Braun es in glücklichster Weise verstanden, das Architekturbild aus der Landschaft zu entwickeln und es ihr einzuordnen. Vortreffliche Beispiele dieser Art sind »Baden-Baden« (1897), wo die südlich warme und geschützte Lage und zugleich der deutsche Waldcharakter durch den blühenden Rhododendronbusch und die Lebensbäume einerseits, und durch die mächtigen Buchen und die Blumenwiese des Vordergrundes andererseits so fein angedeutet sind.

Auch in der reinen Landschaft hat Braun zwar das Sachliche zum Ausgangspunkt genommen. Schon wie er Wege, Wasserpfützen, Bäume und Luft behandelt, ist realistisch vollendet. Aber wie er das Stoffliche durch den Gang und Glanz der Lichtführung, durch die klaren Lüfte und durch die dramatische Belebung der Szene, oft mit Hilfe einer diskret behandelten Tier- oder Menschenstaffage, überwindet und zu einer poetischen Verdichtung des Motivs gelangt, das steht doch ohne Vergleichsmöglichkeiten in unserer zeitgenössischen Kunst, der im übrigen außerordentliche poetische und stimmungsvolle oder malerisch glückliche Darstellungen nicht abgesprochen werden sollen.

Alle die fertigen Platten, etwa 50 an der Zahl, so vollendet und reich ihr Ausdruck auch ist, stehen dem künstlerischen Fazettenlichtspiel der Zeichnungen nach. Hier erst lernt man die volle künstlerische Beweglichkeit und Eindrucksfähigkeit Brauns in den zartesten und feinsten Schwingungen kennen. Da zeigt sich seine impulsive Kraft, Architektur- und Landschaftscharaktere zu erfassen, in vollem Licht, in ganzer Fülle. Wie sicher und fein ein Architekturteil, z. B. ein Fenster, ein Erker, ein Giebel mit ein paar Strichen oder Tuscheflecken hingesetzt ist, wie die Linien des Terrains, der Bergzüge sich zusammenschließen, wie eine Landschaft sich baut und differenziert und wie, manchmal in reinem Schwarzweiß, manchmal mit Weiß oder Farben gehöht, Licht und Raum erzielt wird: das hat kaum etwas Aehnliches in unserer Zeit. In der Vereinfachung und Einfachheit der Ausdrucksmittel und in der doch erreichten Wirkung liegt etwas Vorbildliches, Neuschöpferisches, eine neue Grammatik des Ausdrucks, so wenig Braun sonst eine neue Sprache suchte. Für diese zeichnerische Leistung, die zugleich von höchstem malerischem und dramatischem Reiz ist, fehlt jeder Vergleich in unserer heutigen Kunst.

Die Stimmungskraft und Gedankenfeinheit, das innerste Leben, Denken und Empfinden aber äußert sich bei den kompositionellen Stoffen. Die Schule bei Prof. Keller war eine gute Vorbereitung. Dieser flotte, dekorativ kraftvolle, oft virtuos geschickte Künstler hat zunächst einen Zug bei Braun zur Entwicklung gebracht, der zugunsten der lebensphilosophische Themen behandelnden Komposition seine schöpferische Fülle verriet: das Kunstgewerbliche. Braun scheint dieses Gebiet aber nur Ende der 80 er und anfangs der 90 er Jahre bearbeitet zu haben, als das Kunstgewerbliche überhaupt eine große Frage in der hohen bildenden Kunst war. Auf einer überaus großen Zahl von Blättern sehen wir alle möglichen Entwürfe für Buchschmuck, Dekorationsmalerei, Kunstschmiedearbeiten und dgl. Wenn Braun in seinen Architekturblättern den romanischen und gotischen Stil bei weitem bevorzugt, wahrscheinlich weil diese Stile ihm der Ausdruck einer geschlossenen deutschen Kultur waren, so hat das Kunstgewerbliche unverkennbar einen Zug in die Renaissance. Form und Entwicklung rein dekorativer Elemente, Kartuschen, Friese, Gehänge usf., namentlich aber auch die Auffassung und Verwertung der menschlichen Figur als selbständiges und raumaufteilendes Element in Rhythmus und Bewegung verraten das Studium im Sinne der auf Individualisierung aller Erscheinungen gerichteten Renaissancekunst. Der dekorativpathetische Zug der Renaissance hat in der niederdeutschen Kunst eine Wendung ins Verinnerlichte genommen. Auf die glänzend dekorative Erscheinung des katholischen Rubens folgt der gänzlich individualistische Protestant Rembrandt. Auch Braun gibt den dekorativen Zug zugunsten seiner niederdeutschen subjektivischen Weltanschauung mit ihrem Helldunkel bald auf. Diese leidenschaftliche, aber fast geheim gehaltene mystisierende Neigung offenbart sich mit wunderbarem Glanz und Leuchten in den fast ganz mit Rembrandt gehenden Helldunkelkompositionen in Kohle, den sogenannten Totentanzbildern.

Totentanzideen sind allzeit in der deutschen Kunst dargestellt worden, bei dem hellklaren Dürer und Holbein ebensogut, wie bei dem dämonisch unheimlichen Rethel oder dem fieberhaft erregten und hellseherischen Klinger. An diese germanische Tendenz, auch in der bildenden Kunst zu den letzten Fragen des Seins, zum Werden und Vergehen, Stellung zu nehmen, knüpft auch Braun an. In der väterlichen Offizin sind die ersten äußerlichen Anregungen an ihn herangetreten. In dem schweren, fast unmenschlich herben Kampfe seines eigenen Lebens hat Braun das Thema vertieft und zum Lebensbekenntnis ausgesponnen. Das Darstellungsmaterial ist ausschließlich Kohle und weißes Papier – bedachtvoll gewählt für den Stoff. Ganze Folgen von Studien hat er über ein einziges Thema angefertigt, bis er die einfachste und wuchtigste Endformel fand. Eine Folge von Reproduktionen aus diesem Zyklus würde alle Stimmungsmöglichkeiten bieten: die ehrfürchtig ernste, behagliche Stille einer Wochenstube, in die der mit der Kapuze verhüllte Tod eingetreten ist, wie die dumpfe Schwermut und lastende Schwüle eines Sterbezimmers, wo der Tod neben dem bebrillten Arzt steht, wie auch die dramatisch aufregende, hinreißende Gewalt eines plötzlichen Todes, wo der Sensenmann mit der Hippe über der Schulter ein sich sträubendes Mädchen über eine blumige Wiese entführt. Aus diesen durch viele andere Totendarstellungen verbundenen Hauptblättern ergibt sich, daß der Tod für den Künstler weder die schreckhafte Form hat, wie sie in Holbeins Totentänzen geschildert wird, noch auch die philosophisch-ästhetische Befreiung bietet, zu der wir durch Klingers Totentanzdarstellungen geführt werden. Der Tod ist ihm vielmehr das Unabänderliche, Geheimnisvolle, dessen Rätsel man dunkel ahnen, aber nicht lösen kann. Es ist, als ob der Künstler in diesen Darstellungen seinem früh sich vollendenden Schicksal die ästhetisch befreiende Deutung zu geben versucht hätte.

Das Leben hat für den Künstler nach außen hin fast nur Enttäuschungen gehabt. Seine prachtvollen Radierungen brachten nicht den erhofften finanziellen Erfolg. Sie wurden wohl an Kunstvereine und Kunstfreunde im einzelnen abgesetzt, aber der durchschlagende Erfolg seiner Hamburger, westfälischen und badischen Serien blieb aus. Auch die in Zeitschriften erscheinenden Zeichnungen verursachten, infolge ihrer unzulänglichen Reproduktion, dem Künstler oft geradezu körperliches Unbehagen. Das Leben schien sich gegen ihn verschworen zu haben. Scheu verschloß er sich in den letzten Jahren seines Künstlerwallens vor der Oeffentlichkeit und dem menschlichen Verkehr. Da bewahrheitete sich in vollem Sinne Goethes Wort an ihm: »Wer sich der Einsamkeit ergibt, ach, der ist bald allein.« Doch sein Innenleben und die Sprache seiner Kunst vertiefte sich mehr und mehr. Sein durch unausgesetzte Arbeit und Anstrengung geschwächter Körper wurde nach und nach aufgerieben. Vom Frühjahr 1907 an begannen die Nerven unter den physischen Entbehrungen und den psychischen Enttäuschungen zu leiden. Je stärker er sich in seine Gefühlswelt hineinwühlte, in ihr und ihrem schmerzstillenden Reichtum Erholung und Erlösung von den Bedrängnissen des Lebens suchte, desto weltloser wurde sein körperliches Dasein. Gerade war noch bei J. J. Weber, Leipzig, das schöne Heft »Deutsche Städtebilder« erschienen, da brach er am 29. September 1908 in seiner Heimat körper- und herzkrank zusammen – ein Künder und Deuter der Schönheiten des äußern und Innern Lebens, ein echter Bekenner der deutschen Kunst, ein Märtyrer und Opfer seiner Zeit und seines so heiß geliebten Volkes.

Nichts kann seine heilige Kunstbegeisterung und seine wirtschaftliche Lebensungewandtheit besser erklären, als des westfälischen Dichters Wort:

»Dünkt er manchmal auch ein Träumer,
Nun, er war ja ein Westfale.«

Anhang

Anhang I. Verzeichnis der Bilder und Ölstudien.

a) In öffentlichem und privatem Besitz.

Holländische Landschaft, große Luft;

Prinz Wilhelm August von Preußen.

Häuser mit gotischer Kirche;

Prinz Wilhelm August von Preußen.

Bauernmädchen;

Geh. Rat Dr. Engler, Exz., Karlsruhe.

Meerweib;

Geh. Rat Dr. Eisenmann, Karlsruhe.

Herbststurm;

Geh. Rat Dr. Eisenmann, Karlsruhe.

Badende Buben;

Geh. Rat Dr. Eisenmann, Karlsruhe.

Mädchen am Gartenhaag;

Geh. Rat Dr. Eisenmann, Karlsruhe.

Abendstimmung;

Geh. Rat Dr. Eisenmann, Karlsruhe.

Herbstwald mit weiblicher Figur;

Geh. Rat Dr. Eisenmann, Karlsruhe.

Am Abend;

Geh. Rat Dr. Eisenmann, Karlsruhe.

Altwasser;

Geh. Rat Dr. Eisenmann, Karlsruhe.

Malven;

Geh. Rat Dr. Eisenmann, Karlsruhe.

Plakatentwurf;

Geh. Rat Dr. Eisenmann, Karlsruhe.

Mädchen mit Gemüse;

Geh. Rat Dr. Eisenmann, Karlsruhe.

Sonnenblumen am Haus;

Geh. Rat Dr. Eisenmann, Karlsruhe.

Bauernmädchen;

Geh. Rat Dr. Eisenmann, Karlsruhe.

Rosenzeit;

Geh. Rat Dr. Eisenmann, Karlsruhe.

Heroische Landschaft;

Geh. Rat Dr. Eisenmann, Karlsruhe.

Blühender Baum;

Geh. Hofrat Dr. Benckiser, Karlsruhe.

Stilleben (Bücher);

Geh. Hofrat Dr. Benckiser, Karlsruhe.

Birken;

Fräulein Martha Benckiser, Karlsruhe.

Lesendes Mädchen;

Landgerichtsrat Dr. Benckiser, Karlsruhe.

Weiblicher Kopf;

Landgerichtsrat Dr. Benckiser, Karlsruhe.

Frühlingsspaziergang;

Landgerichtsrat Dr. Benckiser, Karlsruhe.

Stubeninneres mit Bett;

Fabrikant Karl Benckiser, Karlsruhe.

Frauenkopf;

Fabrikant Karl Benckiser, Karlsruhe.

Landschaft mit weibl. Figur;

Fabrikant Karl Benckiser, Karlsruhe.

Fels;

Fabrikant Karl Benckiser, Karlsruhe.

Blühender Baum am Turmberg;

Fabrikant Karl Benckiser, Karlsruhe.

Michaelikirche Hamburg;

Dr. Alberti, Karlsruhe.

Holländisches Dorf;

K. Dimpfel, Weinheim.

Wäscherinnen an der Alb;

K. Dimpfel, Weinheim.

Hamburg, Häuser am Wasser;

K. Dimpfel, Weinheim.

Wehr;

K. Dimpfel, Weinheim.

Frühlingslied;

Gerichtsassessor a. D. G. Dobert, Leipzig.

Blick in die Landschaft;

OLGRat Dr. Maas, Karlsruhe.

Landschaft mit Brunnen und Figuren;

Maler W. Nagel, Karlsruhe.

Kl. Mädchenkopf;

Maler W. Nagel, Karlsruhe.

Prozession vor der Kirche;

Kunsthalle, Karlsruhe.

Straße im Regen;

verk. durch den Kunstverein Jena.

Holländische Windmühle;

verk. durch den Kunstverein Jena.

Hirtin mit Ziege;

verk. durch den Kunstverein Cassel.

Motiv aus dem Odenwald;

Ministerialrat Dr. Schneider, Karlsruhe.

Maria mit Kind in Landschaft;

Frau Revisor Hartnagel, Karlsruhe.

Am Dorfweiher;

Hans Drinneberg, Karlsruhe.

Circe;

Geh. Rat Dr. Eisenmann, Karlsruhe.

b) Im Besitz der Familie Braun, Hausberge.

Mädchen mit Ziege.

Interieur mit Bild.

Opferung.

Interieur mit Bild (klein).

Kinder mit Wiege.

Pappeln mit Frau.

Alte Gasse, Hamburg.

Interieur (rot).

Landhaus mit Balkon.

Dorf.

Birkenhain.

Villa.

Treppe.

Rüppur.

Landschaft bei Leopoldshafen.

Sitzendes Mädchen.

Kahn am Rhein.

Sonnenblumen.

Phantasie.

Alte Gasse, Hamburg.

Chemiker.

Hamburger Krautkähne.

Michaeliturm, Hamburg.

Alter Mann.

Kirchturm.

Kahn auf grauem Wasser.

Bach mit Bub.

Daxlanden.

Hamburg (klein).

Schwarzwaldhaus.

Hain mit Figuren.

Kahn an der Appenmühle.

Bäume am Bach.

Hermannsdenkmal.

Landschaft.

Bauer mit Karren.

Straße in Hamburg.

Alte Straße mit lesendem Mann.

Treppeninneres mit alter Frau.

Flaschen.

Anhang II. Verzeichnis der Zeichnungen.

a) In öffentlichem und privatem Besitz.

P = *Pinselzeichnung*, Kr = *Kreidezeichnung*, K = *Kohle*, R = *Rötel*, F = *Federzeichnung*, B = *Bleistift*.

Heidelberger Schloß, B;

Minister von Bodmann.

Hafeneinfahrt, Konstanz, R ;

Kunsthalle, Karlsruhe.

Zwischen Wiege und Grab, K;

Geh. Rat Dr. Eisenmann, Karlsruhe.

Hamburger Fleet, Kr;

Graph. Sammlung, München.

Emden, B;

Kunstgewerbeschule, Karlsruhe.

Alte Häuser in Hamburg, P;

Graph. Sammlung, München.

Am Schaarmarkt, Hamburg, B;

Graph. Sammlung, München.

Aus dem Dom zu Münster, B;

Graph. Sammlung, München.

Blick in eine Gasse mit niedern Häusern, B;

Graph. Sammlung, München.

Aus der Hofkirche der Residenz in Würzburg, B;

Graph. Sammlung, München.

Alte Häuser, K;

Kupferstichkabinett, Stuttgart.

Düne mit Schiffen;

Sezessionsgalerie, München.

Gewölbe;

Sezessionsgalerie, München.

Alte Stadt;

Sezessionsgalerie, München.

Bibliothek;

Sezessionsgalerie, München.

Adagio;

Sezessionsgalerie, München.

Schneelandschaft (nordische Stadt);

Verlag der »Jugend«, München.

Alte Straße;

Verlag der »Jugend«, München.

Schiffe am Gestade (in Emden);

Verlag der »Jugend«, München.

Hamburger Fleet;

Verlag der »Jugend«, München.

Mühle, K;

Prinz August Wilhelm von Preußen.

Altes Haus;

Advokat und Notar Dr. H. Albrecht, Basel.

Emdenkuff, K;

Landgerichtsrat Dr. W. Benckiser, Karlsruhe.

Wehr bei Osnabrück, F;

Geh. Hofrat Dr. Benckiser, Karlsruhe.

Interieur mit nähender Frau;

Frau Dr. Cnopf, Nürnberg.

Drei alte Häuser;

Otto Deiglmayer jr., München.

Mädchenkopf, R;

Geh. Rat Dr. Eisenmann, Karlsruhe.

Stilleben, K;

Geh. Rat Dr. Eisenmann, Karlsruhe.

Sitzende Frau, R;

Geh. Rat Dr. Eisenmann, Karlsruhe.

An der Mauer, K;

Geh. Rat Dr. Eisenmann, Karlsruhe.

Straße, K;

Geh. Rat Dr. Eisenmann, Karlsruhe.

Wirtshaus, K;

Geh. Rat Dr. Eisenmann, Karlsruhe.

Eremit, K;

Geh. Rat Dr. Eisenmann, Karlsruhe.

Heiliger Hain, K;

Geh. Rat Dr. Eisenmann, Karlsruhe.

Mädchen mit Tod, K;

Geh. Rat Dr. Eisenmann, Karlsruhe.

Heidelberg, K;

Geh. Rat Dr. Eisenmann, Karlsruhe.

Freiburger Münster, R;

städtische Sammlung, Karlsruhe.

Häuser, K;

Geh. Rat Dr. Eisenmann, Karlsruhe.

Heidelberg, B;

Geh. Rat Dr. Eisenmann, Karlsruhe.

Marktplatz zu Halle a. S., B;

Geh. Rat Dr. Engler, Exz., Karlsruhe.

Heidelberg, B;

K. Hoffacker, Karlsruhe.

Alte Weiber, K;

Geh. Rat Dr. Eisenmann, Karlsruhe.

Tor mit lesendem Mann, K;

F. Haniel, Düsseldorf.

Bibliothek, K;

Kom. Rat A. Jung, Elberfeld.

Alte Gasse, Hamburg, T;

Fabrikant K. Kreuzinger, Eger.

Zwei alte Häuser, T;

Fabrikant K. Kreuzinger, Eger.

Treppeninterieur, K;

Graf C. Lanckoronski. Exz.. Wien.

Interieur mit Bild, K;

Kunstsalon J. Littauer, München.

Interieur, K;

Kunstsalon J. Littauer, München.

Landschaft mit Regenbogen, K;

Kunstsalon J. Littauer, München.

Burg Steinsfurth, T;

Kunstsalon J. Littauer, München.

Alte Straße, K;

Regierungspräsident v. Meister, Wiesbaden.

Treppe, K;

Regierungspräsident v. Meister, Wiesbaden.

Interieur mit Schaukelpferd, K;

Regierungspräsident v. Meister, Wiesbaden.

Interieur, R;

Regierungspräsident v. Meister, Wiesbaden.

Alte Häuser, K;

Freiherr von Pentz, Schloß Brandes, Sa.

Mühle, K;

Freiherr von Pentz, Schloß Brandes, Sa.

Straße;

Konservator Dr. O. Weigmann, München.

Laterne;

Konrad Wirth-Lindenmeyer, Zürich.

Interieur mit zwei Figuren;

Konrad Wirth-Lindenmeyer, Zürich.

Hinterhäuser;

Konrad Wirth-Lindenmeyer, Zürich.

Alter Winkel;

Baronin von Zdekauer, Prag.

Bäume am Bach;

Baronin von Zdekauer, Prag.

Michaelsturm Hamburg, R;

Kunstverein Hamburg.

b) *Im Besitz der Familie Braun, Hausberge.*

Rothenburg, Hof, B.

Häuser, T.

Hauseingang, K.

Gewölbe, K.

Brunnen, K.

Interieur mit Fenster, K.

Alchymist, K.

Weinkeller, K.

Straßenszene, K.

Kölner Dom, K.

Stadt, K.

Interieur mit Klavierspieler, K.

Würzburg, F.

Lesender Mann, R.

Birkenwald, B.

Wochenstube, K.

Stilleben, K.

Baden-Baden, Farbz.

Altwark in Hamburg, K.

Mühle, K.

Laden mit lesendem Mann, K.

Alter Krämerladen, K.

Mauer mit Schloß.

Düne mit Schiffen, K.

Kircheninterieur, K.

Krämerladen.

Dichter, K.

Raritätensammler, K.

Interieur mit alter Frau, K.

Dom, K.

Weiblicher Kopf, R.

Mann mit Laterne, R.

Wald, F.

Tod in der Wochenstube, K.

Erfurt, K.

Wochenstube, K.

Sturm, K.

Schmiede, K.

Straße, K.

Heidelberg, R.

Krankenstube, K.

Laden, K.

Am Kai, K.

Allee, K.

Figuren, K.

Stadt, K.

Emden, K.

Stilleben, K.

Alte Stadt, K.

Heiligtum, K.

Tempel, K.

Liebespaar, K.

Ritter, K.

Arzneikeller, K.

Laboratorium, K.

Am Wasser.

Brücke, K.

Mutter mit Kind, K.

Leibnizhaus, K.

Interieur mit Frau, K.

Hamburg, K.

Weibliche Figur, K.

Straßburger Münster, K.

Krankenbesuch, K.

Porträt, K.

Pappeln, K.

Ideale Landschaft, K.

Wolken, K.

Dom, K.

Straße, K.

Häuser, K.

Limburg, R.

Schäfer, K.

Mühle, K

Schiffe, R.

Kirche.

Rokokofigur, K.

Tod.

Heidelberg, B.

Auferstehung.

Architektur, K.

Schiff.

Hamburg.

Häuser.

Leopoldshafen, B.

Apotheke.

u.a.

Anhang III. Originalradierungen von Hermann Braun

1. Ermittelte Platten.

1–11. Zehn Städtebilder aus Westfalen nebst einem Titelblatt.

Verlag Rudolf Schuster, Berlin.

12. An der Stadthausbrücke, Hamburg.

13. Der Klinkberg, Hamburg.

12 u. 13 im Verlag Hugo Helbing, München.

14. Herbstlied (am Druidenstein).

15. Genoveva.

14 u. 15 im Verlag Stiefbold, Berlin.

16. Baden-Baden.

Verlag Büchle, Karlsruhe.

17. Sechs Postkarten mit Karlsruher Motiven.

Verlag Veiten, Karlsruhe.

18. Das Hermannsdenkmal im Teutoburger Walde.

Verlag J. F. Lehmann, München.

19. Braunschweig: Der Meinardshof.

Verlag Kunstverein, Braunschweig.

20. Braunschweig: Altstadtrathaus.

Verlag A. Dorbandt, Braunschweig.

21. Mühle, Idyll, In einem kühlen Grunde.

22. Heidelberg: Friedrichsbau.

23. Heidelberg – oval – Schloß und Neckar.

24. Hamburg: Holzbrücke und Katharinenkirche.

25. Alt-Hamburg; Straße.

26. Alt-Hamburg :»Die Kräthe«, Straße.

27. Alt-Hamburg: Eckhaus mit Laterne.

28. Münster: Marktszene unterm Rathaus.

29. Schädel mit Stirnband und Heckenrose.

30. Hannover : Kirchenportal.

21–30 im Besitz der Mutter des Künstlers (Hausberge, Westfalen).

13 u. 16 Vereinsgabe 1909/ 10 des Badischen Kunstvereins Karlsruhe.

2. Platten, deren Verbleib nicht ermittelt werden konnte.

1 (31). Hamburg: Reimersfleet, Pendant zu »Der Klinkberg« Nr. 3.

2 (32). Frühlingslied (Wiese, Bach, Blütenbäume und weibliche Figuren).

3 (33) Buchenwald mit jungem Mädchen mit Sonnenschirm.

4 (34). Waldinneres, Buchen. Nach der Natur radiert.

5 (35). Osnabrück: Stadtansicht mit Wehr.

6 (36). Freiburg i. Br.

7 (37). Windmühle auf Hügel.

8 (38). Windmühle mit Chaussee.

9 (39). Landschaft mit Schweinen am Wasser.

10 (40). Hain mit Tempel und Herde.

11 (41). Nach dem Gewitter.

12 (42). Partie bei Neckarsteinach, »Gänseliesel«.

13 (43). Fischerstadt, Minden i. W.

14 (44)- Eberbach am Neckar.

15 (45). Motiv aus Münster i. W.

16 (46). Dom zu Münster i. W.

17 (47). Bach mit Pappeln.

18 (48). Alt-Hamburg: Straße »Der blaue Lappen«.

Obristsche Drucke sind nach Gemälden von *Hermann Braun* erst photographiert und lithographiert. Nicht im Handel.

Anhang IV. Studienreisen.

Hermann Braun hat bereist und in Zeichnungen festgehalten:

Studienzeit:

Tirol, Westfalen, Hamburg 1885.

Tirol, Karlsruhe 1886.

Karlsruher Studien 1887.

1. Westfalen in den Jahren 1888, 1889, 1892, 1893, 1894, 1899, 1903, 1908.

2. Die Rheinlande 1888, 1899.

3. Hamburg 1889, 1900, 1904.

4. Den Schwarzwald 1890, 1896, 1902, 1907.

5. Das Neckar- und Maingebiet 1892, 1897, 1902, 1906.

6. Thüringen 1892, 1898.

7. Elbe- und Wesergebiet, Nordseeküste 1899, 1904.

8. Hannover und Harz 1900, 1901, 1903, 1904.

9. Die Baltische Küste 1900.

10. Bayern und Schwaben 1905.

11. Den Bodensee 1906.

12. Vorarlberg 1907.

Anhang V. Literatur und Kritiken über Hermann Brauns Werke.

München:

Münchener Neueste Nachrichten v. 2.III.1909.

... Eine zweite größere Kollektion von etwa 40 Zeichnungen bedeutet ebenfalls einen Akt der Pietät: Sie bringt ein großes Talent wenigstens zu posthumer Geltung, den Karlsruher † H. Braun. Es heißt, daß diesem Künstler der Kummer über das Ausbleiben der verdienten Anerkennung das Herz gebrochen habe, und dieser Gedanke ist angesichts dieser prachtvollen Schöpfungen erschütternd und befremdend zugleich ; man kann sich nämlich kaum vorstellen, daß einem Zeichner, der die höchste künstlerische Qualität mit so eigenartig poetischem gegenständlichem Zauber seiner Schöpfungen verband, der Erfolg fehlen konnte. Aber die Wege des Publikums sind wunderbar, und zudem fehlt in der Kunst oft gerade den besten das Talent, die Augen der Welt auf sich zu lenken. Braun schildert in meisterlicher Schwarzweißtechnik und einer Zeichenweise, die erstaunlich exakt und leicht zugleich ist, alte Architekturen, Innenräume, Landschaften, Straßenbilder und Garteninterieurs, alles voll Leben und Farbe. Von Brauns Arbeiten hat die Sezession für ihre Galerie schon vor der Eröffnung der Ausstellung ein halbes Dutzend Blätter angekauft, und ein Schatz von solchen Zeichnungen lagert noch im Sekretariate.

F. v. O.

Kunst für Alle v. 1.V.1909.

Mit Pinsel, Feder, Stift und Kohle schuf er originelle reizvolle Zeichnungen. Hamburg und seine alten Häuser hatten es ihm besonders angetan, immer wieder hielt er diese malerischen Erscheinungen fest.

G. J. Wolf.

Hamburg:

Hamburger Nachrichten v. 17.III.1909.

Drei von den Künstlern, denen das hauptsächlich zu danken ist, deckt freilich schon die Erde. Was an Werken dieser drei Künstler die jetzige Sezessionsausstellung birgt, würde allein ausreichen, diese zu einer der hervorragendsten Sehenswürdigkeiten zu stempeln. Durch das fast vollständig hier zusammengebrachte Lebenswerk eines Zeichners wie † Hermann Braun, dem der Tod allzu früh den Stift aus der Hand genommen hat, ist das Ueberwiegen der graphischen Kunst in der diesjährigen Frühjahrsausstellung von vornherein gegeben. Ich finde, daß das nicht zum Schaden der Besucher gereicht. Eine Schwarzweißausstellung, wie sie hier zustande gekommen ist, bietet dem ernsthaften Kunstfreunde viel mehr Anregung und Freude als die Anhäufung einer noch so großen Zahl von Gemälden. – Eine ganze Ausstellung für sich, die Stoff genug für ein tage- und wochenlanges Studium hergibt, bilden 35 Zeichnungen des verstorbenen Karlsruher H. Braun, dessen Bedeutung als Künstler, wenn auch von vielen längst erkannt, im allgemeinen noch lange nicht gebührend eingeschätzt wird. Leider hat ein Teil der Braunschen Kunstblätter in der jetzigen Ausstellung keinen ihrer würdigen Platz erhalten. Eine der feinsten Arbeiten, die den Blick in eine enge Gasse des alten nun fast ganz verschwundenen Hamburgs eröffnet, ist in einem Gangwinkel aufgehängt worden, in den selbst am hohen Mittag kaum ein Lichtstrahl fällt, und auch die am besten plazierten Zeichnungen möchte man Gelegenheit haben in noch günstigerer Beleuchtung zu sehen. Der Verein bildender Künstler München-Sezession hat für seine ständige Galerie einige von den Braunschen Zeichnungen angekauft. Zu bedauern ist aber, daß nicht die ganze Sammlung in seinen Besitz übergehen kann. Hoffentlich werden die meisten der Blätter durch Ankäufe deutscher Museumsverwaltungen für die Oeffentlichkeit noch gerettet werden und nicht in aller Welt zerstreut in den Mappen der Privatsammler verschwinden.

H. Grube.

Hannover:

Hannoverscher Courier v. 27.III.1909.

.... Ein ganz anderer Mann ist der Karlsruher Braun. Er weiß nichts von Humor und Satire, dafür aber versteht er im wahrsten Sinne des Wortes die Poesie auf der Straße zu finden. Alte baufällige Häuser, enge dunkle Gassen, abgelegene Winkel eines Hafens, meist umdüstert von einer trüben regenschweren Luft bilden die Gegenstände für seine Kunst, ihnen allen aber weiß er in der Wiedergabe einen schwermütig poetischen Hauch zu geben. Ein starkes Temperament spricht aus diesen Sachen. Etwas Intimes, gegen die laute Welt Abgeschlossenes haben seine Straßen und Häuser, und häufig dringt er auch in das Innere der Wohnungen hinein und offenbart ihre geheimen stillen Reize. Darin ist er vorbildlich für eine ganze Reihe von Künstlern dieser Ausstellung.

Rob. Kohlrausch.

Prof. W. L. Lehmann, i. Schriftführer der Sezession, München.

Die Frühjahrsausstellung ist eben zu Ende gegangen, und ich freue mich Ihnen mitteilen zu können, daß die Kollektion Ihres verstorbenen Herrn Bruders den größten Anklang gefunden hat. Hatte schon die Jury die hohen malerischen Qualitäten der Kohlenzeichnungen anerkannt und die für unsere beschränkten Raumverhältnisse ausnahmsweise große Zahl von 40 Blatt zur Ausstellung angenommen, so kaufte auch die Leitung unserer Sezessionsgalerie noch vor Eröffnung der Ausstellung fünf Blatt an, während die Kgl. Graph. Sammlung ebenfalls Zeichnungen erwarb. Es war deshalb nicht zu verwundern, daß das kauflustige Publikum hierdurch auf diese Arbeiten aufmerksam wurde, daß auch illustrierte Zeitschriften wie die «Jugend» einige Blätter erwarben, so daß die Kollektion, was bei uns zu den größten Seltenheiten gehört, fast ausverkauft wurde. Wir sind überzeugt, daß die vielen schönen Blätter, die wir aus Platzmangel nicht aufhängen konnten sicherlich ebenfalls ihre Liebhaber finden werden und möchten Ihnen raten, bei den folgenden Ausstellungen stets auf den großen Erfolg hinzuweisen, den die Kollektion auf der Münchener Sezession hatte.

Prof. W. L. Lehmann, München.

Alle anläßlich der Frühjahrsausstellung in der Sezession München.

Karlsruhe:

Karlsruher Zeitung v. 11.IX.1909 (Ausst. des Kunstvereins).

Unter den Kollektionen, mit denen der Karlsruher Kunstverein seine neue Saison eröffnet, steht der Nachlaß von Hermann Braun unsererem Interesse besonders nahe. Nicht nur deshalb, weil der Verstorbene dem einheimischen Künstlerkreise angehörte, sondern weil unter seinen Arbeiten sich Werke befinden, die von einem echt malerischen Talent zeugen und über die Bedeutung der illustrativen Graphik hinausragen. Das gilt nicht nur von den interessanteren seiner Schwarzweißblätter, in denen er durch die künstlerische Komposition mit Licht und Schatten über das rein Gegenständliche hinauskommt, sondern auch als Maler tritt er mit drei sehr sympathischen Arbeiten auf. Namentlich das Liebespaar in der pleinairistischen Wiesenlandschaft hat einen sehr feinen poetischen Reiz der Farbe.

K. W.

Berlin:

Neue Preußische (Kreuz-)Zeitung v. 16.X.1909.

Tägliche Rundschau v. 6.X.1909.

Etwas versteckt im Vorderraum des ersten Stockwerks hängt die Sammlung des verstorbenen Karlsruhers Hermann Braun. Es liegt viel Charakter in den Zeichnungen dieses früh Verstorbenen. Von der Architektur ist Braun ausgegangen, und die Liebe zu alten und eigenartigen Bauten hat er nie verloren. Aber er sieht die verbauten Gäßchen und stillen Plätze stets mit den Augen des Malers, und es ist sehr beachtenswert wie malerisch er mit den einfachen Mitteln des Zeichners wirken kann.

Willy Pastor.

Germania v. 13.X.1909, gez. J. M.

Nordd. Allg. Zeitung v. 20.X.1909.

B. Z. am Mittag v. 26.X.1909, gez. Ad. Donaty.

Vossische Zeitung v. 29.X.1909.

Stuttgart:

Schwäbischer Merkur v. 26.X.1909.

Die wunderschönen Arbeiten des verstorbenen Hermann Braun gewähren große Freude. Diese düsteren hingewischten romantischen Landschaften, die Mühle, der Brunnen, besonders der prächtige Eichbaum und die Kleinstadtveduten sind Dinge, die man als liebe Freunde im Wohnzimmer haben möchte.

Anläßlich der Ausstellung in der Galerie Schulte, Berlin.

München:

Bayrischer Kurier v. 22.XII.1909.

In der Königl. Bayr. Graph. Sammlung sind zur Zeit zwei neue Ausstellungen veranstaltet. Die eine umfaßt graphische Blätter neuerer Meister, zumeist Erwerbungen des letzten Jahres, neben wohlbekannten Werken und neueren Lithographien einige großzügige Zeichnungen des erst durch die diesjährige Sezessionsausstellung bekannt gewordenen Karlsruhers Hermann Braun †.

Zur Ausstellung in der Kgl. Graphischen Sammlung.

Mannheim:

Mannheimer Tageblatt v. 30.I.1910, gez. M. Thumann.

Neue Bad. Landeszeitung v. 20.II.19 10, gez. M. O.

Zur Ausstellung im Mannheimer Kunstverein.

Geh. Oberregierungsrat Dr. O, Eisenmann-Karlsruhe. Brief v. 25.V.19 10.

.... Ich hätte längst Ihnen auch in Worten meine Bewunderung und Liebe für Ihren verstorbenen Sohn ausdrücken sollen, wie ich es durch Erwerbung einer Anzahl seiner nachgelassenen Werke getan. Heute drängt es mich Ihnen endlich zu sagen, wie glücklich mich der Besitz dieser Werke Ihres Sohnes macht und wie tief ich es beklage, daß er nicht mehr hat ernten dürfen, was er säte. Nächst Böcklin hat mich nie ein moderner Künstler so interessiert und gepackt wie Hermann Braun. Es fällt das wohl um so mehr ins Gewicht als ich in meiner Eigenschaft als Direktor der Kasseler Gemäldegalerie durch Jahrzehnte hindurch fast ausschließlichen Verkehr mit den Werken Rembrandts und seiner Zeitgenossen, also mit der klassischen alten Kunst, gehabt habe. Ein höheres Lob kann man Ihrem edlen Sohne wohl kaum spenden und ich möchte dem auch heute nichts mehr beifügen.

Leipzig:

Leipziger Tageblatt v. 15.VII.1910.

Von Interesse sind die Bilder und Kohlestudien des verstorbenen H. Braun dessen Bedeutung man eigentlich erst nach seinem Tode richtig erkannte. Die wenigen Oelgemälde, durchweg Landschaften, haben eine merkwürdige Aehnlichkeit mit den frühen Arbeiten von H. Thoma oder A. Böcklin oder teilweise mit den romantischen Landschaften eines Dreher.

Joh. Schinnerer.

Bei der Ausstellung im Kunstverein.

Heidelberg :

Heidelberger Tageblatt v. 15.X.1910, gez. L. E.

Heidelberger Tageblatt v. 23.X.1910.

Die Braunschen Blätter sind zum Teil noch da, und je länger sie bleiben werden, desto mehr werden sie zu sagen wissen. Sie sind von einer Art, die zum öfteren Betrachten verlockt. Ein hervorragendes, zeichnerisches Können spricht aus ihnen, und ein unheimliches Etwas hält das Auge des Beschauers gefangen und zieht den Blick immer wieder zurück zu dem flackernden Licht, das, nächtlichen Gespenstern gleich, huschend und kichernd die Ideen des toten Künstlers geleitet.

L. E.

Anläßlich der Ausstellung des Heidelberger Kunstvereins.

Aachen:

Aus dem Suermondt-Museum: 14.XI.1910.

In der Kunstausstellung dieses Monats dürfte vor allem eine reichhaltige Vereinigung graphischer Arbeiten Bedeutung haben. Die Reihe wird eröffnet durch eine Kollektion von Kohlenzeichnungen des vor zwei Jahren verstorbenen Hermann Braun-Karlsruhe, dessen Name erst vor kurzem durch die Münchener Sezession bekannt wurde. Braun nimmt innerhalb der modernen Graphik eine eigenartige Sonderstellung ein. Er geht aus von der Architektur, zeichnet mit Vorliebe alte Straßen und merkwürdige Bauten und ist doch in seinen anspruchslosen Schwarz-Weiß-Blättern malerisch wie irgend ein Farbenkünstler. Freilich bevorzugt er auch Motive, die durch die Atmosphäre und durch die Beleuchtung eine weiche tonige Behandlung ermöglichen. Diese malerische Begabung wird – und das ist das Wertvolle seiner Kunst – zum Ausdruck einer innerlich reichen Natur. Braun stellt nicht dar, was als gefälliges Motiv dem Publikum schmeicheln könnte, er hat, worin wohl auch der Grund der Verspätung seines Ruhms liegt, seine eigene Welt, die Welt eines Träumers, der sich am wohlsten fühlt in stillen Gassen und vor den ernsten Zeugen vergangener Zeiten. So führt er uns vor die Türme alter Dome, in düstere Gassen, in kleine Häfen, oder hinein in die kleinbürgerliche und doch so phantasievolle Enge von Kramläden, Apotheken, Arzneikellern und chemischen Werkstätten ; zu Antiquaren und Gelehrten oder in alte Flure mit dunklen Wendeltreppen. Es ist eine Welt in Halbdunkel, wie sie nur ein echter Künstler zu erfassen vermag.

Dr. S.

Anläßlich der Ausstellung im Suermondt-Museum.

Hamburg:

Hamburger Tageblatt v. 18.XII.1910.

In der graphischen Abteilung begegnen wir im Zusammenhang mit der Beachtung und selbst einer eingehenderen Prüfung werten Arbeiten dem Namen ... Hermann Braun. An den Blättern des letztgenannten Künstlers, dessen Stärke besonders in der Wiedergabe von fein empfundenen, alten Architekturen gewesen zu sein scheint, sehen wir wieder einmal die alte Erfahrung bestätigt, wie viel tüchtiges, künstlerisches Können und Mühen nicht selten abseits von der breiten Heerstraße des Erfolges dem Lichte der Anerkennung zustrebt, ohne es zu erreichen und von dem man erst erfährt, nachdem die schaffende Hand erlahmte und das unverdrossen ausblickende Auge sich für immer geschlossen.

Anläßlich der Ausstellung des Kunstvereins.

Schwerin:

Mecklenburger Zeitung vom 13.I.1911.

Eine reiche Kollektion Kohlen- und Bleistiftzeichnungen aus dem Nachlaß des hervorragenden Karlsruher Landschaftsmalers Hermann Braun zeugt von der rastlosen Schaffensfreudigkeit des Künstlers. Wir sehen Motive aus Bayern, Baden, dem Rheinland u. a. m. landschaftliche und architektonische Vorwürfe in sicherer Zeichnung, oft nur flüchtiger Ausführung, aber immer das Charakteristische des Geschauten scharf betonend. Sehr ansprechend sind die drei kleinen farbigen Skizzen, welche den Künstler auch als vortrefflichen Kolonisten erkennen lassen.

Pl.

Bei der Ausstellung im Großh. Museum.

Karlsruhe:

Karlsruher Zeitung v. 27.I.1911.

Die im Lichthofe des Karlsruher Kunstgewerbemuseums aufgestellte Sammlung von Bildern, Zeichnungen und Radierungen des 1908 verstorbenen Künstlers, der lange Jahre in Karlsruhe lebte, gibt einen überraschenden Einblick in das Schaffen des jungen, viel zu wenig gekannten Meisters, der neben so manchen bedeutenden Kunstschöpfern älterer und neuerer Zeit ehrenvoll bestehen kann. Hermann Braun (1862–1908) hat sich der breiteren Oeffentlichkeit durch seine geistvollen Architektur- und Interieurzeichnungen aus den malerischen Städten Deutschlands bekannt gemacht. Das beste auf diesem Gebiete aber ist nur einem ganz kleinen Kreise bekannt geworden, und einzelne Blätter werden überhaupt nur seinem ganz engen Bekanntenkreise sichtbar gewesen sein. Radierungen wie Eberbach a. N., Sturm, Altes Städtchen, Hamburgerfleet und Hamburger Kanal gehören zu den vornehmsten und künstlerisch geistvollsten Erzeugnissen der Schwarzweißkunst des letzten Jahrzehntes. In der Zeichnung, sei es eine Landschaft mit architektonischer Einzelbildung, oder sei es ein mit künstlerischem Blick geschautes Architekturwerk, eine Fassade, eine Straffe, das Dächergewirr eines mittelalterlichen Städtchens, überrascht der ehemalige Architekturstudent durch den leinen künstlerischen Griff, mit dem das Motiv behandelt, aber auch durch die sichere Beherrschung der Form und der Proportionen, mit der die Wirklichkeit zum Kunstwerk geprägt wird. Wer diese mit sensitiv und doch sicher geführtem Stift oder Pinsel so fest und glücklich zur Existenz bringen kann, hat den Meisterbrief in der Tasche.

Der tiefere, leidenschaftlichere, aber fast geheim gehaltene Strom seines Künstlerblutes floß aber doch nach einer anderen Seite: Nach der der Erfindung und Komposition. Sein Tiefstes und Bestes hat er in den geradezu rembrandtesk geistvollen Kohlezeichnungen gegeben. Da wirkt er geradezu überraschend. Mit tiefer Trauer muß es erfüllen, daß die Welt an diesem Künstler vorbeigegangen ist. Mag in den ersten malerischen und zeichnerischen Werken bei aller Selbständigkeit der Auffassung auch noch leise die Baisch-Schönlebersche Schultradition nachklingen, bald geht er den Weg der großen schöpferischen Geister. Mit einer an Böcklin gemahnenden, aber von der Antike nur wenig beeinflußten Erfindungsgabe, durchglüht und verzehrt von tiefer Empfindung und leidenschaftlichem Bildnerdrang, schafft er Blatt um Blatt und – verbirgt es in seinen Mappen. Er kann sich nicht genug tun, bis er ein Eigener, Freier, ein Künstler geworden ist. Aus den Tiefen dieser einsam ringenden, in sein Schaffen versunkenen Künstlerseele klingen faustische Gedanken wie Urlaute auf. – «Geburt und Grab, ein ewiges Meer, ein wechselnd Weben, ein glühend Leben!» Solche Träume beschäftigen den weltfernen Meister. Die erstaunlich reiche Folge von Zeichnungen über das sich immer bestimmter ausgestaltende Thema «vom Tod», die immer wieder versuchten Gestaltungen von «Mutter und Kind» weisen dem Künstler in seiner Zeit und seiner Umgebung eine besondere Stelle an. Wie künstlerische Offenbarungen stehen diese Blatter mit dem malerischen Zauber des Heildunkels in dem Schaffen seiner Zeitgenossen. Traurig, daß solches Schaffen nicht so voll ausreifen konnte, wie der unerbittlich gegen sich strenge Künstler der Architekturblätter es von sich forderte. Aber dieses ungewöhnliche Wollen und große Können gibt schon Kunde von ganz Großem. Braun war ein Realist und ein Poet. Vielleicht zerbrach an dieser Doppelseele seine Natur. Er hatte neben dem festen und freudigen Auftakt, den die glänzenden Landschaften, die würdevollen Städtebilder und Architekturen zeigen, eine Welt von süßer schwermütiger Musik in sich, die ihn vom zauberhaften Spiel mit verliebtem Detail zu den dunkeln Urgründen künstlerischen Schaffens trieb. Beides wird fortleben und eines Tages auferstehen in der Herrlichkeit des Geistes, in der dieser früh Verklärte so still und rein gelebt hat.

Dr. Beringer.

Zur Ausstellung im Kunstgewerbe-Museum.

Über tredition

Eigenes Buch veröffentlichen

tredition wurde 2006 in Hamburg gegründet und hat seither mehrere tausend Buchtitel veröffentlicht. Autoren veröffentlichen in wenigen leichten Schritten gedruckte Bücher, e-Books und audio-Books. tredition hat das Ziel, die beste und fairste Veröffentlichungsmöglichkeit für Autoren zu bieten.

tredition wurde mit der Erkenntnis gegründet, dass nur etwa jedes 200. bei Verlagen eingereichte Manuskript veröffentlicht wird. Dabei hat jedes Buch seinen Markt, also seine Leser. tredition sorgt dafür, dass für jedes Buch die Leserschaft auch erreicht wird.

Im einzigartigen Literatur-Netzwerk von tredition bieten zahlreiche Literatur-Partner (das sind Lektoren, Übersetzer, Hörbuchsprecher und Illustratoren) ihre Dienstleistung an, um Manuskripte zu verbessern oder die Vielfalt zu erhöhen. Autoren vereinbaren direkt mit den Literatur-Partnern die Konditionen ihrer Zusammenarbeit und partizipieren gemeinsam am Erfolg des Buches.

Das gesamte Verlagsprogramm von tredition ist bei allen stationären Buchhandlungen und Online-Buchhändlern wie z. B. Amazon erhältlich. e-Books stehen bei den führenden Online-Portalen (z. B. iBookstore von Apple oder Kindle von Amazon) zum Verkauf.

Einfach leicht ein Buch veröffentlichen: **www.tredition.de**

Eigene Buchreihe oder eigenen Verlag gründen

Seit 2009 bietet tredition sein Verlagskonzept auch als sogenanntes "White-Label" an. Das bedeutet, dass andere Unternehmen, Institutionen und Personen risikofrei und unkompliziert selbst zum Herausgeber von Büchern und Buchreihen unter eigener Marke werden können. tredition übernimmt dabei das komplette Herstellungs- und Distributionsrisiko.

Zahlreiche Zeitschriften-, Zeitungs- und Buchverlage, Universitäten, Forschungseinrichtungen u.v.m. nutzen diese Dienstleistung von tredition, um unter eigener Marke ohne Risiko Bücher zu verlegen.

Alle Informationen im Internet: **www.tredition.de/fuer-verlage**

tredition wurde mit mehreren Innovationspreisen ausgezeichnet, u. a. mit dem Webfuture Award und dem Innovationspreis der Buch Digitale.

tredition ist Mitglied im Börsenverein des Deutschen Buchhandels.

Dieses Werk elektronisch lesen

Dieses Werk ist Teil der Gutenberg-DE Edition DVD. Diese enthält das komplette Archiv des Projekt Gutenberg-DE. Die DVD ist im Internet erhältlich auf **http://gutenbergshop.abc.de**

Zeitfracht Medien GmbH
Ferdinand-Jühlke-Straße 7
99095 Erfurt, Deutschland
produktsicherheit@kolibri360.de